Analiza książki

Szczęśliwi ludzie czytają i piją kawę

················

Agnès Martin-Lugand

ANALIZA KSIĄŻKI

Napisany przez Sophie Piret
Przetłumaczony przez Kâmil Kowalski

Szczęśliwi ludzie czytają i piją kawę

AGNÈS MARTIN-LUGAND

AGNÈS MARTIN-LUGAND

FRANCUSKA POWIEŚCIOPISARKA

- **Urodziła się w Saint-Malo (Francja) w 1979 roku.**

- **Godne uwagi prace:**

  - *Happy People Read and Drink Coffee* (self-published digital edition 2012, paperback edition 2013), powieść

  - *Entre mes mains le bonheur se faufile* ("Happiness Is Slipping Through My Fingers", 2014), powieść

  - *Don't Worry, Life Is Easy* (2015), powieść

Po uzyskaniu wykształcenia psychologa klinicznego Agnès Martin-Lugand przez sześć lat pracowała w ochronie dzieci, zanim poświęciła się pisarstwu. Z talentem do analizowania ludzkich zachowań i interpretowania ludzkiej natury, tworzy postacie, z którymi czytelnicy mogą się łatwo identyfikować i umieszcza je w uniwersalnie relatywnych sytuacjach. Od marca 2017 roku opublikowała pięć powieści, z których dwie zostały przetłumaczone na język angielski.

SZCZĘŚLIWI LUDZIE CZYTAJĄ I PIJĄ KAWĘ

OPOWIEŚĆ O ODBUDOWIE

- **Gatunek:** powieść

- **Wydanie referencyjne:** Martin-Lugand, A. (2016) *Szczęśliwi ludzie czytają i piją kawę*. Trans. Smith, S. New York: Weinstein.

- Pierwsze **wydanie:** 2012 (**wydanie** cyfrowe), 2013 (wydanie papierowe)

- **Tematyka:** żałoba, śmierć, strata, życie, miłość, depresja, odbudowa

Pod koniec 2012 roku, wydawca Michel Lafon nabył prawa do *Les gens heureux lisent et boivent du café* (oryginalna francuska wersja *Szczęśliwi ludzie czytają i piją kawę*), po tym jak powieść odniosła wielki sukces na cyfrowych platformach wydawniczych, po tym jak została odrzucona przez kilka innych tradycyjnych wydawnictw. Te odrzucenia nie zmniejszyły jednak motywacji Agnès Martin-Lugand, która postanowiła spróbować szczęścia w self-publishingu. Jak się okazało, była to mądra decyzja: powieść odniosła natychmiastowy sukces i w ciągu zaledwie kilku tygodni znalazła się na liście 100 najlepiej sprzedających się tytułów na Kindle w serwisie Amazon. Wydanie paperback opublikowane w 2013 roku sprzedało się w ponad 300 000 egzemplarzy, a popyt na powieść był tak duży, że oryginalna francuska wersja została przetłumaczona na wiele języków. Ale historia sukcesu *Happy People Read and Drink Coffee* nie kończy się na tym – Weinstein Company zakupiło prawa do adaptacji powieści na duży ekran.

Ponadto autor w 2015 roku wydał sequel, który został przetłumaczony na język angielski w 2017 roku pod tytułem *Don't Worry, Life is Easy.*

STRESZCZENIE

NA SKRAJU PRZEPAŚCI W PARYŻU

Diane jest w pełni szczęśliwa: mąż Colin i córka Clara wypełniają jej życie radością. Wraz z przyjacielem gejem Felixem jest właścicielką przytulnej kawiarni literackiej "Szczęśliwi ludzie czytają i piją kawę". Jednak wypadek samochodowy sprawia, że całe jej szczęście nagle się wokół niej rozpada.

Kiedy Diane przybywa z Felixem na ostry dyżur, Clara już nie żyje, a Colin jest bardzo poważnie ranny. Kiedy dowiaduje się, że Colin nie przeżyje, Felix postanawia nie mówić mu o śmierci Clary, aby pozwolić mu odejść w spokoju. Colin składa mu więc obietnicę, że będzie się opiekował żoną i córką, a wkrótce potem umiera. W ciągu kilku krótkich godzin Diane straciła wszystko, co było jej najdroższe. Kiedy nadchodzi czas pożegnania z córką, wybiega ze szpitala. Nie mogąc pogodzić się z rzeczywistością, odmawia udziału w złożeniu ich do trumny. Jednak jej rodzice są zdeterminowani, by przekonać ją do przestrzegania tradycji i wzięcia udziału w pogrzebie. Zbyt wyczerpana, by się im przeciwstawić, zgadza się i pozostaje blisko Felixa przez cały czas trwania ceremonii.

Gdy po raz kolejny czytelnik spotyka Diane, mija rok, ale ona nie potrafi ruszyć z miejsca. Utknęła w przeszłości, w chwili, gdy straciła wszystko. Stała się pustelnikiem, nieustannie przeżywającym wspomnienia tamtych wydarzeń i popadającym w coraz głębszą depresję. Nosi ubrania po zmarłym mężu, rzadko bierze prysznic i używa tylko mydła córki, nie ma apetytu i nie sprząta już mieszkania. Nie chce wychodzić z domu ani pracować, w każdej chwili może wybuchnąć płaczem.

Felix jest jedyną osobą, która jest w stanie do niej dotrzeć i jest jej jedynym realnym łącznikiem ze światem zewnętrznym. Bezskutecznie próbuje wyrwać przyjaciółkę z letargu.

Czując się jak więzień, jakby się dusiła, Diane postanawia uciec – od mieszkania, od rodziców, od przeszłości. Postanawia przenieść się do Mulranny w Irlandii, na pamiątkę swojego zmarłego męża, który marzył o wakacjach w tym miejscu. Felix i jej rodzice są przeciwni temu pomysłowi, uważając, że nie jest ona w odpowiednim stanie, by podróżować sama. Zdeterminowana, by udowodnić im, że się mylą, Diane wyrusza w podróż i samotnie odbudowuje swoje życie.

NAUKA ŻYCIA NA NOWO W IRLANDII

Po przybyciu na wyspę Diane poznaje Abby i Jacka, właścicieli domku, który wynajmuje w Mulranny. Mimo zmiany otoczenia, Diane szybko wraca do swoich starych depresyjnych nawyków, odmawiając wychodzenia z domu i spotykania się z mieszkańcami. Podczas wizyty u właścicieli poznaje ich siostrzeńca, Edwarda, który mieszka w domku obok. Jej pierwsze wrażenie jest takie, że jest on bardzo wrogi, aspołeczny i protekcjonalny. Za każdym razem, gdy ich drogi się krzyżują, kończy się to wybuchową kłótnią. I nie bez powodu: jest nieuprzejmy, nie waha się okazywać swojego niezadowolenia z posiadania sąsiada i całkowicie odrzuca pomysł zaproszenia jej na świąteczne przyjęcie Abby i Jacka. Jednak ich związek stopniowo ewoluuje, zwłaszcza po tym, jak Edward ratuje ją, gdy próbuje się utopić.

Dzięki Edwardowi, Diane odzyskuje radość życia i wychodzi z samotności. Rozpoczynają związek, a w miarę jak ona odkrywa na nowo uczucia, które uważała za stracone na zawsze (radość z przygotowywania się do randki, pożądanie drugiego człowieka, radość z wychodzenia z domu itp.), Edward uczy się ufać innym. Zaprasza Diane do swojej przystani, na Wyspy Arańskie. To zaproszenie jest symbolem intymności i miłości, która między nimi rozkwita.

Po powrocie, ich błogość zostaje zburzona przez przybycie Megan, byłej dziewczyny Edwarda, która stara się zatrzymać ich rodzący się romans w jego ścieżkach. Zachowanie Edwarda wobec Diane zmienia się, a nawet prosi ją o powrót do domu. Zdezorientowana tak drastyczną zmianą okoliczności młoda kobieta próbuje dowiedzieć się, co zaszło między dwojgiem byłych kochanków. Od siostry Edwarda, Judith, dowiaduje się, że łączył ich namiętny romans, że Megan zdołała zdobyć zaufanie Edwarda, ale w końcu go zdradziła. Obie kobiety stają się rywalkami, walcząc o miłość Edwarda, a w końcu zmuszają go do wyboru między nimi.

Edward zdaje sobie sprawę, że nie ma dla niego przyszłości z Megan i mówi jej, żeby poszła do domu. On następnie deklaruje swoją miłość do Diane, ale ona zdaje sobie sprawę, że nie czuje się gotowy. Przyznaje, że nie może zapomnieć o swoim zmarłym mężu, Colinie, i że nie będzie w stanie podjąć zobowiązania, dopóki nie zamknie się nad jego śmiercią. Diane postanawia wrócić do Paryża, bo zdaje sobie sprawę, że jej droga do uzdrowienia i akceptacji prowadzi właśnie tam. Z zapłakanymi oczami opuszcza Mulranny i Edwarda.

ŻYCIE W PARYŻU

Po powrocie do Paryża jedzie taksówką do kawiarni literackiej, którą powierzyła Feliksowi. Zauważając, że kawiarnia popada w ruinę, postanawia przywrócić porządek i życie w lokalu, który jest jej tak bliski. Wprowadza się do pustego, zakurzonego mieszkania nad kawiarnią, tworząc dla siebie nowy początek i przejmując kontrolę nad swoim biznesem i życiem.

W końcu, aby odbudować swoje życie, nie potrzebuje niczego więcej niż ludzi, którzy ją kochają i pracy, którą uwielbia. Zaczynając od zera, kupuje nowe naczynia i zamawia nowe książki, aby rozjaśnić swoje miejsce pracy. Jest wreszcie gotowa, by wyjść na zewnątrz i spotkać się z ludźmi; jest na drodze do uzdrowienia i może wreszcie spojrzeć w przyszłość, nie obawiając się, że wczorajsze smutki znów wezmą górę.

STUDIUM POSTACI

DIANE

Kochająca żona Colina i kochająca matka Clary, Diane otwiera kawiarnię literacką "Szczęśliwi ludzie czytają i piją kawę" z Felixem, dziwacznym przyjacielem rodziny. Ma wszystko, czego potrzebuje do szczęścia.

Po śmierci dwóch filarów jej życia, pogrąża się w tak głębokiej depresji i apatii, że nic, nawet najlepsza przyjaciółka, nie jest w stanie wyciągnąć jej z powrotem. Zamyka się w swoim mieszkaniu jak pustelnik i szuka ukojenia w przeszłości, na próżno szukając śladów obecności swoich bliskich, choćby tylko powiewu ich zapachu.

Kiedy wyjeżdża do Irlandii i porzuca swoje dawne życie, budzi się w niej chęć do życia i wydobywa na powierzchnię jej osobowość – silną, wyrazistą osobowość, a jedna emocja w szczególności zapewnia jej powrót do rzeczywistości: gniew. Jest zła na nieuprzejmość i obojętność sąsiada Edwarda, na siebie samą, na wszechświat, który odebrał jej dwoje ukochanych, a także na rywala, który próbuje zerwać nowy, kruchy związek, który przeradza się w miłość. Stopniowo Diane odkrywa na nowo radości życia: słuchanie muzyki, taniec, noszenie pięknych ubrań, dbanie o swój wygląd itp.

Dzięki Edwardowi jest w stanie pokonać swoje lęki, takie jak zapomnienie o zmarłych bliskich czy konieczność stawienia czoła życiu. To on pomaga jej zwalczyć lęk wysokości, zabierając ją na krawędź klifu. Z nim u boku odważyła się spojrzeć w dół i pokonała swoją fobię. Ich przygody na Wyspach Aran przynoszą jej poczucie wolności, dając impuls, którego potrzebuje, by znów oddychać, i dając przedsmak szczęścia, które mogłaby na nowo odkryć, i miejsca, które mogłaby znaleźć w świecie żywych: "Czuję się tu wolna" (s. 151). Odzyskuje pewien spokój i, co najważniejsze, zaczyna ponownie wierzyć w życie i miłość.

FELIX

Felix to najwierniejszy przyjaciel Diane, który pojawia się głównie na początku powieści, gdy Diane mieszka w Paryżu. Zawsze ubrany w podarte dżinsy i obcisłe koszulki, jest archetypicznym najlepszym przyjacielem gejem. Jest bardzo ekstrawertyczny i prowadzi hedonistyczne życie, rzadko wykonując jakąkolwiek pracę, a pod nieobecność przyjaciela pozwala, by kawiarnia literacka popadła w zaniedbanie.

Jest on jednak dla przyjaciółki ogromnym wsparciem moralnym po śmierci Colina i Clary: to do niego Diane udaje się na pogrzeb, to on pociesza ją, gdy rozsypuje się podczas pierwszej wizyty na cmentarzu. Jest też pośrednikiem między Diane a jej rodzicami, którzy nie potrafią zrozumieć reakcji córki. Ratuje kilka ważnych przedmiotów (zwłaszcza ekspres do kawy, który był prezentem od Colina), gdy rodzice i teściowie przyjaciółki wyprowadzają jej rzeczy z domu małżeńskiego – przedmioty, z którymi łączy się ona ponownie, gdy wprowadza się do mieszkania nad kawiarnią. Choć stale przychodzi jej z pomocą, traktuje ją również jak dziecko i wątpi w jej zdolność do samodzielnego zmierzenia się ze światem, ponieważ nie jest w stanie zaspokoić własnych potrzeb fizycznych i psychicznych. W końcu to dzięki niemu wyjeżdża z Paryża do Irlandii i postanawia wziąć swoje życie z powrotem w swoje ręce.

EDWARD

Czytelnik po raz pierwszy widzi Edwarda oczami Diane. Portret, który ona początkowo maluje, nie jest zbyt pochlebny: "Jego surowa twarz i pogardliwy wyraz sprawiały, że nie czułam wobec niego żadnego ciepła. [...] Im bardziej mu się przyglądałam, tym bardziej był dla mnie nieatrakcyjny. Nie uśmiechał się. Cuchnął arogancją" (s. 54).

Edward mieszka w domku obok Diane i jest bratankiem Abby i Jacka. Z zawodu jest fotografem, spędza niezliczone godziny samotnie nad brzegiem morza. Często wyjeżdża na Wyspy Arańskie, swoją tajną przystań, gdzie lubi się naładować.

Niegrzeczny, nieuprzejmy i niechętny do przestrzegania społecznych konwenansów, których zazwyczaj przestrzegają sąsiedzi, okazuje całkowity brak zainteresowania, a nawet wrogość wobec otoczenia, w tym wobec nowego sąsiada. Autor sugeruje kilka wyjaśnień tego zachowania, w tym utratę matki, która zmarła podczas porodu jego młodszej siostry Judith. Po tym wydarzeniu często ścierał się z ojcem, który już prawie nie zajmował się dziećmi, a jego rozgoryczenie pogłębiło się jeszcze bardziej po nieudanym romansie, z którego, jak się wydaje, nigdy nie wyszedł. Od tego czasu schronił się w Mulranny, coraz bardziej wycofując się w swój prywatny świat.

W miarę rozwoju akcji podobieństwa między Diane a Edwardem mnożą się i stają coraz bardziej widoczne. W pewnym sensie Diane widzi – i gardzi – swoim własnym odbiciem w Edwardzie. Oboje chcą żyć samotnie, odizolowani od społeczeństwa. Zmiażdżeni przez życie, nie potrafią rozmawiać o swojej przeszłości, bojąc się, że jeśli podzielą się swoimi wspomnieniami z innymi, mogą stracić kontrolę nad ostatnimi śladami ludzi, których utracili. Nikomu nie ufają, są nałogowymi palaczami i zawsze są nieładni. W końcu jednak, dzięki interwencji Judith, pokonują strach i dzielą się swoimi sekretami. Edward kilkakrotnie przychodzi z pomocą Diane, przejmując w pewnym stopniu rolę Felixa w trudnych sytuacjach. Zabiera ją także na Wyspy Arańskie, swoje schronienie, gdzie nigdy wcześniej nie zabrał nikogo innego.

RODZICE DIANE

Rodzice Diane nie pojawiają się w książce zbyt często. Trzymają się ściśle konwencji, zawsze myślą o tym, co powiedzą inni ludzie, nie rozumieją reakcji i żalu córki w związku z obrzędami i tradycjami pogrzebowymi. Są wobec niej bardzo surowi, gdy mówi im, że nie może iść na pogrzeb: "'To twój obowiązek' – dodaje matka. 'Pójdziesz i nie będziesz robić scen'" (p. 34)

Nie rozumieją też pragnienia córki, by wyjechać do Irlandii. Nieustannie ją umniejszają, mówiąc jej, że nie potrafi zadbać o siebie, że nie może przypisywać sobie zasług za kawiarnię literacką, ponieważ to oni ją sfinansowali, i wreszcie, że nieodpowiedzialne jest wydawanie pieniędzy, które Colin zapisał jej w testamencie, na wyjazd za granicę.

Przez dwa lata, w których rozgrywa się akcja powieści, Diane nie widzi i nie słyszy od swoich rodziców.

ABBY I JACK

Abby i Jack są właścicielami domku wynajmowanego przez bohaterkę i okazują się cennymi sojusznikami Diane. Abby jest wobec niej bardzo gościnna, natomiast Jack jest bardziej powściągliwy. Posiada jednak rzadko spotykane zrozumienie ludzkiej natury: "Zauważyłam wiedzące spojrzenie Jacka; on już rozumiał" (s. 207).

Są jedyną rodziną, jaka pozostała Edwardowi i jego siostrze, która przygarnęła ich po śmierci matki i zaniedbywaniu ich przez ojca.

JUDITH

Judith jest młodszą siostrą Edwarda i wydaje się niemal diametralnie różnić od niego osobowością: jest wesołą, towarzyską, gadatliwą mieszkanką miasta, która uosabia życie, beztroską młodość, entuzjazm i zabawę. Diane bardzo ją lubi: "przebywanie z tą młodą kobietą dobrze mi zrobiło" (s. 94).

Okazuje się cenną sojuszniczką, gdy Megan ponownie pojawia się w życiu Edwarda. To ona ostatecznie opowiada Diane historię jej brata i dostarcza jej wyjaśnień, które pozwalają jej nadać sens zachowaniu i reakcjom sąsiadki. To ona przekonuje Diane do walki o Edwarda i odzyskania go. Staje po stronie Diane, gdyż gorąco pragnie, by Megan zniknęła z życia jej brata, skoro już raz złamała mu serce.

MEGAN

Megan jest byłą dziewczyną Edwarda. Ich rozstanie było niezwykle trudne dla Edwarda, ponieważ zdradzała go właśnie wtedy, gdy przygotowywał się do poproszenia jej o rękę. Jednak nadal widywali się od czasu do czasu, gdy Edward wyjeżdżał do Dublina w interesach. Megan pozostaje bardzo przywiązana do niego i spędziła pięć lat próbując go odzyskać. Przyjeżdża do Mulranny mając tylko jeden cel: wrócić na stałe do swojego byłego chłopaka. Jest piękna w zimny, ambitny, arogancki sposób; wydaje się, że nic i nikt nie jest odporny na jej wdzięki, a ona nie ma skrupułów, aby użyć wszelkich środków niezbędnych do osiągnięcia swoich celów.

LISTONOSZ PAT

Listonosz Pat to aluzja do tytułowej kreskówki dla dzieci. W powieści Listonosz Pat jest psem Edwarda. Dostarcza pocztę, ale jego główną rolą jest szerzenie radości w irlandzkiej wiosce, wstając wcześnie i rozjaśniając mieszkańcom dzień swoim przyjaznym, radosnym usposobieniem. To również sprawia, że jest on folią dla swojego właściciela.

Listonosz Pat jest ważną postacią w powieści. To właśnie on pomaga Diane nie tylko kontrolować emocje, ale także je wyrażać. Po śmierci męża i córki pies jest pierwszym, z którym nawiązuje prostą, bezpośrednią, autentyczną przyjaźń, daje jej siłę do przetrwania trudnych sytuacji. Zbliża też Diane i Edwarda, ponieważ Diane wielokrotnie opiekuje się nim podczas nieobecności jego właściciela. Diane zdobywa serce Edwarda także dzięki Listonoszowi Patowi: w przeciwieństwie do Megan, Diane akceptuje psa takim, jakim jest, z jego mokrymi, brudnymi łapami, co jest metaforą ilustrującą, jak akceptuje Edwarda takim, jakim jest, ze wszystkimi jego wadami i słabościami.

CLARA I COLIN

Clara i Colin na początku historii nie żyją od roku i choć nigdy nie dowiadujemy się o nich wielu informacji, są namacalną obecnością przez całą powieść.

Colin był prawnikiem i zmarł w wieku 33 lat. Kochał Irlandię na tyle, że chciał spędzać tam wakacje, ale jeszcze bardziej kochał swoją żonę, na tyle, że zrezygnował z tego marzenia i zamiast tego zabrał ją na słoneczniejsze wybrzeża. Jest skałą Diane i był tym, który utrzymywał ich życie w porządku.

Clara, ich córka, miała pięć lat, gdy zmarła. Miała zaledwie kilka miesięcy, gdy Diane i Felix otworzyli swoją kawiarnię literacką, w której stawiała pierwsze kroki.

Pod koniec opowieści Diane jest w stanie zdobyć się na odwiedzenie cmentarza. Rozmawia tam z bliskimi, nie popadając ponownie w depresję.

ANALIZA

ŻAŁOBA

Psychiatra Elisabeth Kübler-Ross (1926-2004), która była pionierką nowych technik opieki zdrowotnej nad umierającymi, jest znana z opracowania teoretycznego cyklu składającego się z pięciu etapów, których doświadczają osoby dowiadujące się o własnej zbliżającej się śmierci. Cykl ten można zastosować do wszystkich form żałoby i straty. Kolejność i znaczenie tych etapów nie są stałe i różnią się w zależności od danej osoby.

- **Zaprzeczenie: w** tej fazie osoba jest w stanie szoku, nie chce zaakceptować rzeczywistości i czuje się tak, jakby została pozbawiona wszelkich emocji. Tak dzieje się w przypadku Diane, która jest tak przytłoczona i w tak głębokim stanie szoku, że ucieka ze szpitala i odmawia pójścia na pogrzeb czy odwiedzenia cmentarza.

- **Gniew:** kiedy jednostka w końcu staje twarzą w twarz z rzeczywistością, doświadcza wielkiego bólu i rzuca się na wszystko. W powieści gniew jest pierwszą emocją – obok smutku – jaką odczuwa Diane po śmierci rodziny. Na przykład jest rozwścieczona chamstwem Edwarda, a przede wszystkim okrutnym losem, który odebrał jej męża i córkę.

- **Targowanie się:** w tym okresie jednostka próbuje wynegocjować powrót drugiej osoby, ale szybko zdaje sobie sprawę, że jest to niemożliwe. Diane wydaje się nie przechodzić przez ten etap, choć rozpaczliwie poszukuje przypomnień o obecności męża i córki, nosząc ubrania tych pierwszych i myjąc się mydłem tych drugich.

- **Depresja:** jest to najdłuższy i najtrudniejszy etap żałoby. Osoba doświadcza głębokiego smutku i jest bardzo wrażliwa emocjonalnie. Kiedy zaczyna się ta historia, Diane jest w głębokiej fazie depresji: prawie nie je, nie myje się, izoluje się itp. Pewnego razu podczas pobytu w Irlandii jej rozpacz jest tak wielka, że podejmuje próbę samobójczą.

- **Akceptacja:** osoba pogrążona w żałobie w końcu akceptuje odejście drugiej osoby i wraca do względnie normalnej egzystencji. Pod koniec powieści Diane jest w stanie wrócić do Paryża i wyprowadzić się z rodzinnego mieszkania. Pozwala sobie na nowy początek i otwiera się na innych.

Żałoba Diane jest dla niej tym trudniejsza, że musi poradzić sobie z podwójną stratą zarówno męża, jak i dziecka. Książka opisuje smutek i cierpienie Diane, ale także przedstawia powolną, bolesną drogę, którą musi przejść, aby odbudować swoje życie. W trakcie opowieści Diane przechodzi przemianę. Czytelnik może oczekiwać, że uzdrowi się poprzez ponowne zakochanie, ale ostatecznie to jej praca pozwala jej się uwolnić: "'Myślę, że odbudowa mojego życia musi się zacząć tutaj, w Happy People'" (s. 217).

DROGA KU UZDROWIENIU

Kiedy Diane opuszcza Paryż, chce uciec zarówno od uwagi Feliksa, jak i od swojej codzienności, która wciąż przesycona jest obecnością Colina i Clary. Nie wyrusza więc w podróż z zamiarem odbudowania swojego życia, ale raczej po to, by uciec od świata, który zbyt mocno przypomina jej o smutkach.

Autorka używa kilku obrazów, aby podkreślić emocje Diane i zobrazować drogę, którą musi przebyć w kierunku uzdrowienia.

Żałosny fałsz

Klimat Irlandii jest często opisywany jako umiarkowany, ale w rzeczywistości jest lepiej opisany jako nieprzewidywalny. Pogoda zmienia się w mgnieniu oka: w ciągu kilku godzin ulewny deszcz może ustąpić miejsca palącemu słońcu.

W książce Szczęśliwi ludzie czytają i piją kawę pogoda odgrywa dużą rolę. Wiatr, deszcz i burza to także metafory stanu psychicznego bohaterki. Kiedy ona płacze, leje deszcz. Kiedy szaleje burza, Diane traci wszelką pewność i ponownie pogrąża się w depresji. Gdy zamiast konfrontacji z problemami wybiera ucieczkę, niebo się otwiera i zostaje zmoczona przez ulewę. Nieprzyjemna pogoda pomaga jej wyrazić swoje uczucia i wydobywa ją nieco z letargu: "Musiałam znaleźć sposób, by nie zmoknąć za każdym razem, gdy wychodziłam z domu, by zaczerpnąć powietrza" (s. 56).

W dniu urodzin córki Diane wpada w spiralę rozpaczy i pije do białego rana. Po gwałtownych wymiotach długo stoi pod prysznicem, po czym wychodzi i kładzie się obok szalejącego morza. Edward odnajduje ją i pociesza, a gdy tylko czuje się bezpiecznie w jego ramionach, deszcz przestaje padać.

Jej powrót do Paryża potwierdza tę teorię. Ponieważ Diane lepiej sobie radzi i czuje, że jest gotowa stawić czoła życiu i rzeczywistości, niebo się rozjaśnia, a klimat staje się bardziej przyjazny. Słońce oświetla drogę do uzdrowienia i pokazuje, że szczęście jest nadal osiągalne: "Ale niebo wciąż było niebieskie. Uśmiechnęłam się i zamknęłam oczy" (s. 223).

Diane: obca

Kiedy Diane przybywa do Irlandii i wciela się w rolę outsidera, musi nauczyć się zwyczajów i obyczajów tego kraju: jazdy po lewej stronie, mówienia po angielsku, witania się z mieszkańcami itp. Musi się odnaleźć w kraju, który nie jest jej własny, otoczona ludźmi, których nie zna. Jest to metafora jej własnego życia, ponieważ stała się obca dla samej siebie. W momencie śmierci rodziny straciła wszystkie punkty odniesienia: najpierw ich obecność, potem własną osobowość, a w końcu środowisko osobiste i zawodowe. Bez nich jej życie nie wydaje się już należeć do niej i musi uczyć się wszystkiego na nowo, odzyskując własność własnego ciała i istnienia. W ten sposób jej podróż pokazuje jej drogę do uzdrowienia.

DALSZA REFLEKSJA

KILKA PYTAŃ DO PRZEMYŚLENIA...

- "Oceniamy, że [żałoba] zostanie przezwyciężona po pewnym czasie i że byłoby niewskazane, a nawet szkodliwe, aby ją zakłócić". Omów ten cytat o żałobie autorstwa Freuda (1856-1939) w odniesieniu do przedstawionego przez autora przedstawienia żałoby.

- Wyjaśnij związek między tytułem książki a jej treścią.

- Omów, jak w naszym społeczeństwie traktuje się żałobę. Czy można go porównać do sposobu, w jaki jest przedstawiony w książce? Dlaczego?

- Jakie metafory można znaleźć w książce? Wyjaśnij na przykładach.

- Porównajcie historie Diane i Edwarda. Co mają ze sobą wspólnego?

- Czy zakończenie było dla Ciebie satysfakcjonujące? Dlaczego?

- Trzecia powieść autora, *Nie martw się, życie jest proste*, jest kontynuacją tej książki. Czy uważasz, że sequel był potrzebny? Dlaczego?

- Diane nie jest w dobrych stosunkach ze swoimi rodzicami. Czy jest to przypadek konfliktu międzypokoleniowego? Wyjaśnij na przykładach z powieści.

- Szczęśliwi ludzie czytają i piją kawę to idealny przykład sukcesu wydania własnego. Co sądzicie o tego typu wydawnictwach? Czy jest to rodzaj innowacji, który zasługuje na większą promocję? Omów swoją odpowiedź.

DALSZE CZYTANIE

WYDANIE REFERENCYJNE

Martin-Lugand, A. (2016) *Szczęśliwi ludzie czytają i piją kawę*. Trans. Smith, S. New York: Weinstein.

BADANIA REFERENCYJNE

Kübler-Ross, E. i Kessler, D. (2014) *On Grief and Grieving: Finding the Meaning of Grief Through the Five Stages of Loss*. London: Simon & Schuster.

Chcemy usłyszeć od Ciebie, co się dzieje!
Zostaw komentarz na temat swojej internetowej biblioteki
i podziel się swoimi ulubionymi książkami w mediach społecznościowych!

Wydawca zapewnia o wiarygodności publikowanych informacji, co jednak nie może wiązać się z jego odpowiedzialnością.

www.50minutes.com

Master ISBN: 9782808694070
Papierowy ISBN: 9782808615471
Depozyt prawny: D/2023/12603/1827

Verhaal: © Primento

Projekt cyfrowy: Primento, cyfrowy partner wydawców.